Dieses Buch gehört:

Christina Braun

Natur entdecken

WAS IST WAS Erstes LESEN

Christina Braun

Natur entdecken

TESSLOFF

Hallo!

Ich bin Hanni, das Eichhörnchen. Sicher bist du schon einigen meiner Verwandten begegnet – im Wald, im Park oder im Garten. Ich kann dir eine Menge über die Natur erzählen. Wusstest du eigentlich, dass wir ohne grüne Pflanzen gar nicht atmen könnten? Und dass winzig kleine Tierchen fruchtbaren Waldboden herstellen können? Komm mit! Wir entdecken zusammen die Natur um uns herum!

Inhalt

Natur ist überall

Natur um uns herum

Die Natur ist überall um uns herum.
Ob du aus dem Fenster schaust,
ob du spazieren gehst
oder auf dem Weg zur Schule bist –
überall findest du Natur.
Zur Natur zählt man alle Pflanzen und Tiere.
Die kleinste Ameise gehört dazu.
Und auch der riesig große Mammutbaum.

Eine Blumenwiese im Sonnenschein oder dicke Wolken am Himmel: Das alles gehört zur Natur.

Aber auch viele andere Dinge
gehören zur Natur:
Wasser, Steine, Felsen, Berge,
die Jahreszeiten, das Wetter
und sogar der Mensch.

Diese Drossel hat viel zu tun. Sie muss ihren hungrigen Nachwuchs versorgen.

Alles hängt zusammen

Die Natur ist die Grundlage des Lebens.
Denn in der Natur hängt alles zusammen.

Pflanzen produzieren Sauerstoff,
den wir zum Atmen brauchen.
In den Bäumen, Sträuchern, Hecken
und sogar im Erdboden
finden Tiere Nahrung und ein Zuhause.

Sie fressen die Samen der Pflanzen
und scheiden sie wieder aus.
So helfen sie den Pflanzen,
sich zu vermehren.

Und auch ohne Wasser und Sonne
wäre Leben auf der Erde nicht möglich.

Natur weltweit

Die Natur ist aber nicht überall gleich.
Sie hat viele verschiedene Gesichter.
So gibt es zum Beispiel extrem heiße
oder besonders eisige Gebiete auf der Erde.
Sie alle sind Lebensraum
für ganz unterschiedliche Tiere und Pflanzen.

Die **Polargebiete** rund um den Nordpol und den Südpol sind die kältesten Gebiete der Erde. Die Tiere, die hier leben, sind gut an die eisige Kälte angepasst. Eisbären haben zum Beispiel ein dichtes, warmes Fell. So sind sie am Nordpol bestens geschützt.

Tundra heißt die baumlose Landschaft hoch im Norden. Der Boden ist hier ständig gefroren. Nur im Sommer taut er an der Oberfläche auf. Dann wachsen hier Moose und Flechten.

Meere und Ozeane bedecken fast drei Viertel der Erdoberfläche. Sie sind Lebensraum für unzählige Tier- und Pflanzenarten. Manche davon sind noch nicht einmal erforscht.

Rund um den Äquator liegen die tropischen **Regenwälder**. Hier ist es feucht und warm und es regnet fast jeden Tag. Tropische Pflanzen und Tiere lieben genau dieses Klima.

Savanne nennt man die Gebiete der Erde, die zwischen den tropischen Regenwäldern und den Wüsten liegen. Hier ist es das ganze Jahr warm. Trockenzeiten und Regenzeiten wechseln sich ab. Elefanten, Zebras oder Gazellen leben in der Savanne.

In einer **Wüste** wie der Sahara ist es tagsüber sehr heiß und extrem trocken. Die Tiere und Pflanzen in diesem Lebensraum müssen mit wenig Wasser auskommen.

Natur bei uns

Wir in Europa leben in der sogenannten gemäßigten Zone. Das heißt, dass es bei uns kein so extremes Klima gibt wie zum Beispiel am Äquator oder an den Polen.

Ein wichtiges Merkmal für die gemäßigte Zone sind die Jahreszeiten. Nur hier gibt es Frühling, Sommer, Herbst und Winter, wie wir sie kennen.

Bunte Blumen oder weißer Schnee: Jahreszeiten lassen die Natur immer wieder anders aussehen.

Abwechslungsreiche Natur

Natürlich findet man
in den gemäßigten Breiten
kein ewiges Eis oder Regenwald.
Doch auch hier haben wir
viele verschiedene Naturräume
mit ganz unterschiedlichen Bewohnern.

In Deutschland gibt es viel Wald.
Ungefähr ein Drittel der Fläche
ist mit Wäldern bedeckt.
Außerdem gibt es Wiesen,
Seen, Bäche und Flüsse.
Viele Tiere und Pflanzen
finden hier Platz zum Leben.

Mit den Alpen haben wir ein Hochgebirge
sozusagen direkt vor unserer Haustür.
Und im Norden grenzt Deutschland
sogar an zwei Meere:
die Nordsee und die Ostsee.

Ganz im Süden grenzt
Deutschland an die Alpen.

Natur in der Stadt

Tagpfauenauge

Selbst in unseren Städten
mit all ihren Häusern und Straßen
hat die Natur ihren Platz.
In Gärten, auf Grünstreifen und in Parks
wachsen Bäume, Sträucher und Blumen.
Überall krabbeln und schwirren Insekten.

Auch Wildtiere findest du in der Stadt.
In den Bäumen zwitschern Vögel
und auf den Teichen schwimmen Enten
und Schwäne.

Sogar Wildschweine oder Waschbären
trifft man manchmal in der Stadt an.
Das ist aber nicht immer angenehm.
Sie streifen durch die Gärten der Menschen
und können dort viel Schaden anrichten.

Ein Waschbär durchsucht die Mülltonne nach einem Leckerbissen.

Hannis Lesequiz

1 Was gehört nicht zur Natur?

a) Steine

b) Häuser

c) Bäume

2 Wo ist es das ganze Jahr warm und feucht?

a) In der Wüste.

b) Im Regenwald.

c) In der Savanne.

3 Was stimmt nicht?

a) In der Stadt gibt es manchmal Waschbären.

b) Wildtiere kommen nicht in die Stadt.

Lösung: 1b), 2b), 3b)

Wiese, Wald und Berge

Auf der bunten Wiese

Auf der Wiese wächst eine bunte Mischung verschiedener Pflanzen, vor allem Gräser. Dazu zählen zum Beispiel das Knäuelgras, der Wiesenfuchsschwanz und das Wollige Honiggras.
Ihre witzigen Namen verdanken die Gräser ihrem Aussehen.

Zwischen den Gräsern schauen auch immer wieder bunte Blüten hervor. So steht der gelbe Löwenzahn zum Beispiel neben der weißen Schafgarbe oder der Margerite.

Knäuelgras

Wolliges Honiggras

Wiesenfuchsschwanz

Löwenzahn

Margerite

Schafgarbe

Was blüht da?

Nicht jede Wiese ist gleich.
Welche Pflanzen darauf wachsen,
hängt von ihrer Lage und von der
Beschaffenheit des Bodens ab.
Die Sumpfdotterblume und die Kohldistel
kommen oft in der Nähe
von Flüssen oder Seen vor.

Wiesen, die gedüngt werden,
nennt man Fettwiesen.
Auf ihnen wachsen zum Beispiel
die Glockenblume und der Huflattich.

Auf den sogenannten Magerwiesen
stehen Arnika und sogar Orchideen.
Magerwiesen wachsen auf Böden,
die nicht viele Nährstoffe enthalten.

An den Beinen der Hummel bleiben Pollen hängen. Fliegt sie zur nächsten Blüte, wird diese damit bestäubt.

Ein Summen und Brummen

Eine bunte Blumenwiese ist für Insekten der allerbeste Lebensraum. Schmetterlinge, Bienen und Hummeln sammeln Pollen und Nektar in den Blüten der bunten Wiesenblumen. Das ist ihre Nahrung.

Gleichzeitig sind Insekten wichtig für die Bestäubung der Pflanzen. Erst nach der Bestäubung kann die Pflanze Samen bilden und sich vermehren.

Hast du gewusst ...

... dass außer Bienen und Hummeln auch Schmetterlinge, Wespen und Käfer Pflanzen bestäuben können?

Kleiner Fuchs

Insekten brauchen unsere Hilfe

In den letzten Jahren sind viele Wiesen aus unserer Landschaft verschwunden. Stattdessen entstehen immer mehr Äcker und Felder für die Landwirtschaft. So fehlt den Insekten die Nahrung und der Lebensraum. Naturschützer setzen sich deshalb für mehr blühende Wiesen ein.

Auch du kannst den Insekten helfen. Im Garten oder auf dem Balkon kannst du blühende Wildblumen anpflanzen. Sind die Blütenpflanzen groß genug, werden sie von Bienen umschwärmt.

Ein Insektenhotel ist eine Nisthilfe für Insekten. Du kannst es leicht selber bauen. Hier finden zum Beispiel Wildbienen ein neues Zuhause.

Fleißige Bienen

Für uns sind Bienen sehr wichtig.
Sie bestäuben nämlich nicht nur Blumen,
sondern auch viele Obstbäume
und Gemüsepflanzen.
Ohne Bienen müssten wir auf viele
frische und gesunde Lebensmittel verzichten.

Eine Königin und viele Helfer

Die Bienen leben in einem Volk
aus Tausenden von Bienen zusammen.
Dabei sind sie sehr gut organisiert.

Die Waben

Eine Bienenwabe besteht aus vielen sechseckigen Zellen. In einigen lagern Eier. In anderen lagern Nektar und Honig.

Bienenstock

Solche Holzkisten stellt der Imker für seine Bienen auf. In jeder Kiste wohnt ein eigenes Bienenvolk.

Die Königin

In jedem Volk gibt es nur eine Königin.
Sie legt die Eier, wird von den Arbeiterinnen
mit Futter versorgt und geputzt.

Die Arbeiterin

Die Arbeiterinnen erledigen
alle anstehenden Aufgaben:
Sie sammeln Honig, bauen die Waben
und versorgen den Nachwuchs.
Sie bewachen den Bienenstock
und verteidigen ihn vor Feinden.

Die Drohne

Drohnen sind die männlichen Bienen.
Sie gehen mit der Königin auf Hochzeitsflug
und paaren sich mit ihr.

Wer lebt noch auf der Wiese?

Außer Insekten mögen auch andere Tiere die Wiese als Lebensraum.

Kleine Hasen und Rehkitze zum Beispiel werden von ihren Müttern gern im hohen Gras versteckt. Füchse und Wölfe können sie nicht wittern. Die Kleinen haben nämlich noch keinen eigenen Geruch. Nur ein- bis zweimal am Tag kommen die Mütter zurück, um ihren Nachwuchs zu füttern.

Kiebitz

Der Kiebitz gehört zu den sogenannten Wiesenbrütern. Er baut sein Nest auf dem Boden und brütet seine Eier dort aus.

Feldmaus

Wildkaninchen

In ihrem Bau unter der Erde sind Wildkaninchen und Feldmäuse vor Feinden sicher.

Unterirdisch!

Manche Tiere machen es
sich lieber unter der Wiese
in der Erde gemütlich.
Kaninchen, Maulwurf und Feldmaus
graben weit verzweigte Gänge
in den Erdboden.
Dort haben sie verschiedene Kammern,
in denen sie schlafen, fressen
und ihre Jungen aufziehen.

Maulwurf

Die riesigen Pfoten des Maulwurfs sind perfekt zum Buddeln. Damit gräbt er seine unterirdischen Gänge.

Den Buntspecht kannst du hören, wenn er mit seinem Schnabel gegen einen Baumstamm klopft.

Wildschwein

Wer lebt im Wald?

Ist dir bei einem Spaziergang im Wald schon einmal ein Waldbewohner begegnet?

Wilde Tiere, wie Rehe oder Hirsche, sind oft scheu und flüchten, wenn sich Menschen nähern. Manchmal kann man aber ihre Spuren auf dem Waldboden entdecken.

Wildschweine hinterlassen oft deutliche Spuren an Bäumen. Nach einem Schlammbad reiben sie sich gerne an der Rinde. So entfernen sie Ungeziefer aus ihrem Fell.

Nachts ist viel los

Waldohreule

Einige Waldtiere kommen erst in der Dämmerung hervor. Dachse, Füchse und Waldmäuse sind nachtaktive Tiere. Tagsüber schlafen sie in ihrem Bau.

Auch Waldohreulen und Fledermäuse gehen erst nachts auf die Jagd. Eulen haben besonders gute Augen. Mit ihnen können sie im Dunkeln hervorragend sehen. Fledermäuse senden Schallwellen aus, mit denen sie sich orientieren können.

Wenn es dämmert, geht der Fuchs auf die Jagd.

Wald ist nicht gleich Wald

Sicher kennst du den Unterschied
zwischen Laubbäumen und Nadelbäumen.
Je nachdem, welche Bäume in einem Wald
am häufigsten vorkommen,
spricht man von einem Laubwald
oder einem Nadelwald.
Laub- und Nadelbäume zusammen
bilden einen Mischwald.

Nadelwald

Die Fichte ist der Nadelbaum, der bei uns am häufigsten vorkommt.

Ein Nadelwald ist das ganze Jahr über grün.
Denn Nadelbäume werfen ihre Nadeln
im Winter nicht ab.
Zugleich gibt es auch weniger Licht.
Deshalb wachsen hier außer den Bäumen
nur Moose, Farne, Pilze und Flechten.

Laubwald

Im Herbst werden unsere Laubwälder bunt.

Buchenblatt mit Bucheckern

Laubbäume werfen im Herbst
ihre Blätter ab und treiben im Frühling
neue Knospen aus.
In Laubwäldern ist es meistens heller.
Darum können hier auch mehr
kleine Pflanzen in Bodennähe wachsen.

Wald und Mensch

Die meisten Wälder bei uns werden
von Menschen bewirtschaftet.
Bäume werden gepflanzt, gefällt
und ihr Holz verkauft und verwertet.

Naturschützer setzen sich dagegen
für mehr naturnahe Wälder ein.
Hier greift der Mensch nicht so stark ein.
Und Tiere und Pflanzen können sich
ungestört entwickeln.

Die Stockwerke des Waldes

Im Wald leben Tiere und Pflanzen in unterschiedlichen Stockwerken. Manche fühlen sich in den Baumkronen wohl. Andere bleiben lieber in Bodennähe.

Unter der Erde

1 Das unterste Stockwerk ist die **Wurzelschicht.** Hier graben Mäuse und Dachse ihre Gänge. Auch Regenwürmer und Tausendfüßler fühlen sich im Erdboden wohl.

2 In der **Bodenschicht** wachsen vor allem Moose, Flechten und Pilze. Hier wohnen zum Beispiel Ameisen, Schnecken, Spinnen und Eidechsen.

5 Die **Baumschicht** ist das höchste und größte Stockwerk des Waldes. In der luftigen Höhe fühlen sich vor allem Vögel wohl. Aber auch Tiere, die gut klettern können!

4 Sträucher und junge Bäume bilden die **Strauchschicht**. Wo viel Licht hinfällt, wachsen Beeren, Holunder, Weißdorn und Haselnusssträucher. Manche Vögel wie die Amsel bauen darin ihre Nester. Haselmäuse und Zwergspitzmäuse finden hier Unterschlupf.

3 In den Gräsern und Farnen der **Krautschicht** tummeln sich vor allem Insekten wie Bienen, Schmetterlinge oder Käfer. Auch Feldhasen und Rehe finden hier ein Versteck.

Warum sind Pflanzen so wichtig?

Hast du schon einmal das Wort Fotosynthese gehört? Das bedeutet, dass alle grünen Pflanzen Sauerstoff herstellen können. Sauerstoff brauchen wir zum Atmen.

Das **Licht** der Sonne liefert den Pflanzen Energie. Die brauchen sie, um Sauerstoff herzustellen.

Wasser nehmen die Pflanzen über die Wurzeln aus dem Boden auf. Im Wasser aufgelöst sind Mineralstoffe. Beides wird im Inneren der Pflanze zu den Blättern transportiert.

Eine 100-jährige Buche produziert jede Stunde etwa 1,7 Kilogramm Sauerstoff. Damit können 50 Menschen eine Stunde lang atmen.

Sauerstoff entsteht als Abfallprodukt bei der Fotosynthese. Die Pflanzen geben ihn über die Blätter an die Umgebung ab.

Chlorophyll (sprich: Klorofüll) ist der grüne Farbstoff in den Blättern der Pflanzen. Ohne Chlorophyll keine Fotosynthese!

Zusammen mit dem Wasser und den Mineralstoffen stellt die Pflanze aus **Kohlendioxid** Zucker her. Kohlendioxid ist die verbrauchte Luft, die wir ausatmen. Den Zucker braucht die Pflanze zum Wachsen.

Ameisen und ihr Staat

Bestimmt hast du schon einmal
einen Ameisenhaufen gesehen.
Ameisen sind nämlich fleißige Baumeister.
Der größte Teil ihres Baus
liegt aber unter der Erde und besteht
aus vielen Gängen und Kammern.

Ameisen sind für den Wald sehr wichtig.
Die Gänge ihres Baus lüften den Boden.
Dadurch können die Wurzeln der Bäume
besser wachsen.
Außerdem fressen sie Insekten,
die für den Wald schädlich sind.

Hast du gewusst ...

... dass Ameisen fast das Dreißigfache ihres eigenen Gewichts tragen können?

Mauerassel

Saftkugler

Regenwurm

Was all diese Tierchen ausscheiden, nennt man Humus. Humus ist sehr fruchtbar. So kann auf dem Waldboden neues Leben entstehen.

Kleine Helfer im Boden

Es gibt aber noch viel mehr
tierische Helfer in der Natur.
Im Waldboden wohnen
jede Menge Kleinstlebewesen.
Sie ernähren sich von Blättern und Zweigen,
die von den Bäumen herunterfallen.
So räumen sie den Waldboden auf.

Zuerst fressen Mini-Lebewesen wie Milben,
Saftkugler und Springschwänze
Löcher in die Blätter.
Dann kommen Asseln, Nacktschnecken
und Schnurfüßer an die Reihe.
Sie nagen die Blätter bis auf die Adern ab.
Den letzten Rest verdauen Pilze, Bakterien
und Regenwürmer.

Auf den Gipfeln im Hochgebirge liegt sogar im Sommer Schnee.

Im Gebirge

Hohe Berge mit schneebedeckten Gipfeln, steile Hänge und schroffe Felsen. Dazwischen grüne Täler und blühende Wiesen – so sieht es in einem Hochgebirge aus.

Das Gebirge ist ein besonders rauer und karger Lebensraum. Tiere und Pflanzen, die hier leben, müssen gut an die felsige Umgebung angepasst sein.

Hast du gewusst ...

... dass die Alpen das höchste Gebirge Europas sind? Der höchste Berg heißt Mont Blanc und ist 4 810 Meter hoch.

Das Edelweiß wächst in den Alpen sogar auf über 3000 Metern Höhe. Es mag steinige und trockene Böden.

Edelweiß

Kalt und karg

Pflanzen, die im Gebirge wachsen, müssen sehr robust sein. Sie müssen lange, harte Winter mit viel Schnee überstehen können. Und auch im Sommer können auf dem felsigen Boden nur echte Überlebenskünstler gedeihen.

Je höher man auf einen Berg steigt, desto kälter wird es und desto weniger Pflanzen gibt es. Einige Nadelbäume kommen mit der Kälte aber gut zurecht. Die Zirbelkiefer zum Beispiel hält Frost bis unter minus 40 Grad Celsius aus.

Oberhalb einer bestimmten Grenze wachsen im Gebirge keine Bäume mehr. Das ist die sogenannte Baumgrenze. In den Alpen liegt sie auf etwa 2000 Metern Höhe.

Von Stein zu Stein

Steinadler

Der **Steinadler** ist der König der Lüfte.
Die Spannweite seiner Flügel
kann über zwei Meter betragen.
Der Steinadler ist ein Greifvogel.
Seine Lieblingsbeute sind Murmeltiere.

Der **Alpensteinbock** lebt in einer
Höhe von bis zu 3500 Metern.
Seine Hufe sind biegsam.
So findet er einen besseren Halt
auf den Felsen.

Alpensteinbock

Gämse

Gämsen sind echte Kletterkünstler.
Geschickt springen sie von Fels zu Fels.
Die Weibchen leben mit ihren Jungen
in Herden bis zu 30 Tieren.
Die Männchen sind meist Einzelgänger.

Auch das **Murmeltier**
lebt in den Alpen.
Im Sommer frisst es genügend
Gräser, Blätter und Kräuter.
Im Winter hält es etwa
sechs Monate Winterschlaf.

Murmeltier

Hannis Lesequiz

1 Was wächst auf der Wiese?

a) Bockskraut

b) Schafgarbe

c) Ziegenklee

2 Welcher Baum ist ein Laubbaum?

a) Buche

b) Fichte

c) Kiefer

3 Welche Tiere in den Bergen sind echte Kletterkünstler?

a) Rehe und Hirsche

b) Murmeltiere und Steinadler

c) Gämsen und Alpensteinböcke

Lösung: 1b), 2a), 3c)

Leben rund ums Wasser

Wasser ist wichtig

Wasser ist für alle Lebewesen
auf der Erde überlebenswichtig.
Etwa 70 Prozent der Erdoberfläche
besteht aus Wasser.
Daher nennt man die Erde auch
Blauer Planet.

Seen, Flüsse, Bäche und Meere
versorgen die Landschaften um sie herum
mit Feuchtigkeit.

Auf der Erde geht kein Wasser verloren.
Denn es gibt einen sogenannten
Wasserkreislauf.

Der Wasserkreislauf

Aus Quellen fließt das Wasser
aus dem Boden in die Flüsse
und von dort aus ins Meer.
Die Sonne erwärmt das Wasser.
Ein Teil davon verdunstet.

Als Wasserdampf steigt es nach oben
und bildet Wolken.
Diese ziehen weiter und regnen das Wasser
über dem Land wieder ab.

Das Wasser versickert im Boden
und sammelt sich dort als Grundwasser.
Von dort aus fließt es zurück ins Meer.

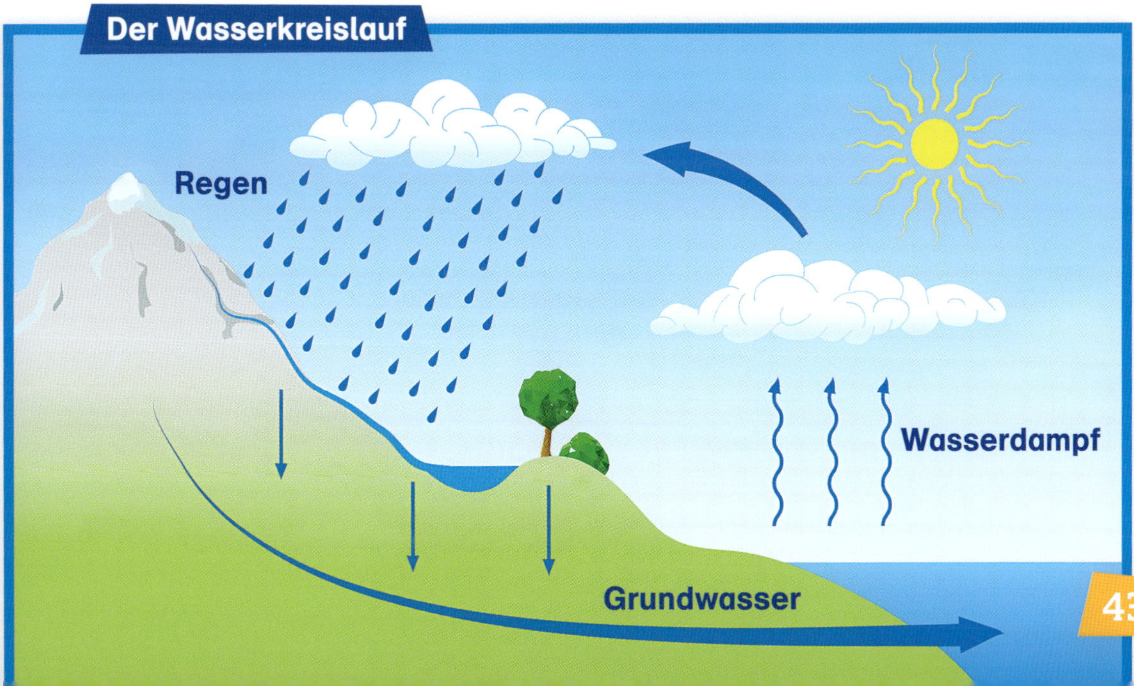

Libelle

Wasseramsel

Lebensraum Bach

Bei einem Spaziergang am Bach
kannst du einiges entdecken.
Im Wasser und am Ufer wimmelt es
von verschiedenen Tieren.

Libellen schwirren durch die Luft.
Die Wasseramsel fischt im Bach nach Futter.
Auf dem Grund tummeln sich
Bachflohkrebse und Köcherfliegenlarven.

Für all diese Tiere ist der Bach
ein wertvoller Lebensraum.

Die Bachforelle liebt
kaltes Wasser
in der Nähe der Quelle.

Bachforelle

Im und am Fluss

Flüsse sind die Heimat
vieler verschiedener Fischarten.
Dabei mögen manche Fische
die kälteren Flussregionen gern.
Andere brauchen eher wärmeres
und langsamer fließendes Wasser.
Fluss ist also nicht gleich Fluss.

An größeren Bächen oder Flüssen
siehst du manchmal eine Biberburg.
Für ihren Bau stapeln die Biber
mehrere Stämme und Äste übereinander.
Im Inneren befindet sich eine Höhle.
Um dorthin zu gelangen,
müssen die Biber tauchen.

Biber

Biberburg

Viel los am See

Elegant schwimmt der Schwan
am Ufer des Sees entlang.
Enten paddeln umher und tauchen plötzlich
mit ihren Köpfen unter Wasser.
Sie suchen dort nach Wasserpflanzen,
Würmern und Larven.

Im Schilf am Ufer des Sees
baut der Rohrsänger sein Nest.
Dort brütet er seine Eier aus
und zieht seine Jungen groß.

Teichrohrsänger

Schwäne

Stockenten

Wasservögel wie
Schwäne und Enten
kannst du an vielen
Seen beobachten.

Hecht

Leben im See

Auch unter Wasser
ist viel los im See:
Ein Fischotter ist auf der Jagd nach Fischen.
Ein dicker Karpfen zieht seine Runden
und ein Hecht lauert auf Beute.
Laut hört man das Quaken eines Frosches.

Im Wasser wachsen Wasserhahnenfuß,
Laichkraut, Tausendblatt und Seerosen.
Die Pflanzen sind fest im Boden verankert.
Ihre Blüten reichen bis an die
Wasseroberfläche.

Seerose

Die prachtvolle Weiße Seerose ist eine der schönsten Pflanzen auf unseren Seen.

Laichkraut

Wasserhahnenfuß

Tausendblatt

Laubfrosch

Auch diese beiden Frösche sind einmal als Kaulquappen geschlüpft.

Grasfrosch mit Laich

Vom Ei zum Frosch

Bis ein Frosch erwachsen ist,
macht er eine erstaunliche
Entwicklung durch.
Diese Entwicklung heißt Metamorphose.

Alles beginnt im Wasser:
Hier legt das Froschweibchen
seine Eier ab.
Sie hängen in großen Klumpen zusammen.
Man nennt sie Froschlaich.

Aus dem Ei geschlüpft

3 Wochen

Kurze Zeit später
schlüpfen die kleinen Kaulquappen.
Sie haben einen langen Schwanz,
mit dem sie im Wasser schwimmen können.
Außerdem haben sie jetzt noch
Kiemen zum Atmen – wie Fische.

8 Wochen

Nach einigen Wochen beginnen
den Kaulquappen Beine zu wachsen.
Die Kiemen bilden sich zurück
und die Lungen entwickeln sich.

12 Wochen

Schließlich bildet sich nach einiger Zeit
auch der Schwanz zurück.
Die Lungen sind nun fertig
und die kleinen Frösche
können an Land atmen.
Sie bleiben ihr Leben lang
in der Nähe eines Teichs
oder Sees.

Laubfrosch

Grasfrosch

Nach etwa 16 Wochen ist
aus der Kaulquappe ein
kleiner Frosch geworden.

Was ist ein Moor?

Das Moor ist ein besonderer Lebensraum.
Denn der Boden ist immer nass.
Wenn du darauf trittst,
wabert und knatscht es bei jedem Schritt.
Das fühlt sich an, als würdest du
über eine Luftmatratze im Wasser laufen.

Der Moorboden besteht nicht aus Erde,
sondern aus abgestorbenen Pflanzen.
Durch das Wasser im Boden können
die Pflanzenteile nicht zersetzt werden.
Deshalb riecht es hier manchmal
etwas modrig.

Früher fanden die Menschen das Moor unheimlich. Heute weiß man, dass es ein wertvoller Lebensraum für viele seltene Tiere ist.

Wer lebt im Moor?

Waldeidechse

Moorfrosch

Der **Moorfrosch** fühlt sich wohl im schlammigen Wasser. Eine **Waldeidechse** huscht durch das Moos.

Pflanzen, die im Moor überleben wollen, müssen genügsam sein. Denn der nasse Boden ist sehr nährstoffarm. **Torfmoos** und **Wollgras** kommen damit gut zurecht.

Wollgras

Torfmoos

Sonnentau

Der **Sonnentau** ist eine fleischfressende Pflanze. So kann auch sie auf dem kargen Boden gut überleben.

Auch Vögel wie zum Beispiel das **Birkhuhn** mögen die besondere Natur im Moor.

Birkhuhn

Sanddünen an der Nordsee

Diese weißen Kreidefelsen kann man auf der Ostseeinsel Rügen besichtigen.

Wie sieht es am Meer aus?

Fast zwei Drittel unserer Erde
sind von Meeren bedeckt.
Das Meer ist ein riesiger Lebensraum
für Millionen verschiedene Lebewesen.
Und viele davon sind
noch nicht einmal erforscht.

Rund um die Meeresküsten gibt es
ganz unterschiedliche Landschaften.
Manche Küsten haben einen Sandstrand.
An anderen Stellen ragen dagegen
steile Felsen empor.

An der Nordsee sind die niedlichen Seehunde zu Hause.

Ebbe und Flut

Ebbe und Flut gibt es
an allen Meeren der Welt.
Bei Ebbe zieht sich das Wasser an der Küste
ein Stück weit ins Meer zurück.
Bei Flut kommt es wieder.

An der Nordsee sind Ebbe und Flut
besonders stark ausgeprägt,
denn hier ist die Küste recht flach.
Bei Ebbe wird ein großer Teil
des Meeresbodens freigelegt: das Watt.
Man kann darauf sogar
Wanderungen unternehmen.

Hast du gewusst …

… dass diese kleinen Häufchen von Wattwürmern stammen? Die Würmer fressen den Sand und reinigen ihn von Bakterien. Dann scheiden sie den sauberen Sand wieder aus.

Vögel im Watt

Das Watt ist ein Paradies für Vögel wie den Austernfischer oder den Knutt. Im Meeresboden finden sie genügend Futter: Würmer, Muscheln, Krebse und Schnecken.

Mit ihren langen Schnäbeln stochern die Vögel im Watt nach Leckerbissen.

Kaum zu sehen

An der Ostsee fällt der Unterschied zwischen Ebbe und Flut kaum auf. Er beträgt nur 10 bis 15 Zentimeter. Denn die Ostsee ist ein Binnenmeer und mit keinem großen Ozean verbunden.

Der Einsiedlerkrebs hat eigentlich gar kein Haus. Er wohnt in leeren Schneckenhäusern.

Einsiedlerkrebs

Wenig Salz im Meer

In der Ostsee leben ganz andere Tiere
als in der Nordsee.
Denn die Ostsee ist ein Brackwassermeer.
Das bedeutet, dass im Meerwasser
nur wenig Salz enthalten ist –
viel weniger als in der Nordsee.
Das kommt, weil viele Flüsse
mit ihrem Süßwasser in die Ostsee münden.
Gleichzeitig ist die Ostsee
nur über eine schmale Meerenge
mit der Nordsee verbunden.

Seenadel

Dieser Mini-Fisch heißt Seenadel. Im Seegras an der Ostseeküste ist er gut getarnt.

Vielfältige Natur

Nun weißt du, wie reich und vielfältig
die Natur selbst vor deiner Haustür ist.
Sie bietet Lebensraum und Nahrung
für viele unterschiedliche Tiere und Pflanzen.
Und natürlich auch für uns Menschen!
Deshalb ist es so wichtig,
unsere Natur zu erhalten und zu schützen.

Natur schützen

In einigen Gebieten wird die Natur
vom Staat besonders geschützt.
Solche Schutzgebiete heißen zum Beispiel
Naturschutzgebiet oder Nationalpark.

Naturschutzgebiete sind eher kleinere Gebiete. Hier gibt es oft seltene Tiere oder besondere Pflanzen, die bewahrt und geschützt werden sollen.

Sächsische Schweiz, Deutschland

Der Nationalpark Sächsische Schweiz ist berühmt für seine schroffen, steilen Felsen.

Was sind Nationalparks?

Nationalparks sind größere Gebiete. Die Landschaft in einem solchen Park ist geschützt, weil sie besonders schön oder besonders wertvoll ist.

Menschen dürfen in diesen Schutzgebieten nichts verändern oder gar zerstören. Die Natur soll sich dort entwickeln, ohne dass Menschen sie beeinflussen.

Nationalpark Donau-Auen, Österreich

Schweizerischer Nationalpark

Sag mal, Hanni ...

... kann man als Kind überhaupt etwas tun, um die Natur zu schützen?

Natürlich! Jeder kann seinen eigenen kleinen Beitrag leisten. Wenn du in der Natur unterwegs bist, kannst du zum Beispiel ein paar ganz einfache Regeln beachten.

Was sind denn das für Regeln?

Nimm Rücksicht und verhalte dich ruhig. In der Natur leben viele Tiere, die Angst vor Lärm haben. Bleibe immer auf den Wegen und brich keine Blumen oder Äste ab. Du könntest dabei das Zuhause oder das Futter eines Tieres zerstören.

Wie kann man den Tieren helfen?

Viele Tiere finden in der freien Natur nicht genug Unterschlupf. Dabei kannst du ihnen ganz leicht helfen. Wie wäre es mit einem Nistkasten für ein Vogelpaar? Oder mit einem Igelhaus, in dem ein Igel seinen Winterschlaf halten kann? Ideen gibt es da genug!

Was kann man sonst noch für die Umwelt tun?

Eine ganze Menge! Wirf zum Beispiel deinen Müll nicht einfach in die Natur. Versuch, Plastik zu vermeiden. Es ist besonders schädlich, weil es nicht komplett verrottet und auch unsere Meere verschmutzt. Geh zu Fuß zur Schule oder fahr mit dem Bus anstatt mit dem Auto. Überleg mal! Sicher fällt dir noch mehr ein, wie du die Umwelt schützen kannst.

Danke, Hanni, und viel Spaß beim Klettern und Springen!

Hannis großes Lesequiz

1 Wie heißt das oberste Stockwerk des Waldes?

a) Luftschicht

b) Blattschicht

c) Baumschicht

2 Wer nimmt gern ein Schlammbad?

a) Rehe

b) Wildschweine

c) Eichhörnchen

3 Welche Pflanzen können Fotosynthese betreiben?

a) Alle grünen Pflanzen.

b) Alle Blumen.

c) Nur Pflanzen mit großen Blättern.

Lösung: 1c), 2b), 3a)

4 Was ist ein Insektenhotel?

a) Eine Nisthilfe für Insekten.

b) Hier stehen Insekten auf der Speisekarte.

c) Ein Hotel, das wie ein Bienenstock aussieht.

5 Was können Ameisen tragen?

a) Das 3-Fache ihres Körpergewichts.

b) Das 30-Fache ihres Körpergewichts.

c) Das 300-Fache ihres Körpergewichts.

6 Welche Tiere leben in den Alpen?

a) Alpensteinböcke

b) Alpensteinziegen

c) Alpenfelsböcke

Lösung: 4a), 5b), 6a)

7 **Wie gelangt ein Biber in seine Biberburg?**

a) Er muss von oben hineinklettern.

b) Er kann von der Seite hineingleiten.

c) Er taucht von unten hinein.

8 **Wie nennt man die Froschlarven, die frisch aus dem Laich schlüpfen?**

a) Kaulkwappen

b) Kaulquappen

c) Kaulquapen

9 **Wie heißt diese Pflanze?**

a) Löwenzahn

b) Sumpfdotterblume

c) Wasserhahnenfuß

Lösung: 7c), 8b), 9c)

10 Wo baut der Rohrsänger sein Nest?

a) In Sträuchern.

b) Auf Felsen.

c) Im Schilf.

11 Woraus besteht der Boden in einem Moor?

a) Aus nassem Sand.

b) Aus Erde.

c) Aus abgestorbenen Pflanzen.

12 Was ist der Austernfischer für ein Tier?

a) Ein Fisch.

b) Ein Käfer.

c) Ein Vogel.

Lösung: 10c), 11c), 12c)

Bildquellennachweis

Colourbox: 51mm (Michael Weirauch); **picture alliance:** 25ol (blickwinkel/F. Hecker), 25or (K. Wothe/Arco Images GmbH), 55ur (W. Fiedler/WILDLIFE); **Shutterstock:** 6-7 (Guenter Albers), 8or (schankz), 8ml (Juergen Faelchle), 9ol (Oleksandr Savchuk), 10ml (Alexey Seafarer), 11or (Tamara Kulikova), 11ml (szefei), 11mr (Andrzej Kubik), 11ul (David Wahlberg), 12 (Tatiana Popova), 13ur (canadastock), 14or (Zdenek Kubik), 14ul (Magalie St-Hilaire poulin), 16-17 (Debbie Steinhausser), 18ml (Carmen Hauser), 18mm (notsuperstar), 18mr (Bildagentur Zoonar GmbH), 18ul (Olga Denisova), 18um (Iva Vagnerova), 18ur (Madlen), 19ol (Bildagentur Zoonar GmbH), 19om (Olga Kovalenko), 19or (kanusommer), 20ol (peter burne), 20ur (Linda Bestwick), 21ul (Protasov AN), 21ur (kidd_germany), 22ol (Protasov AN), 22u (aaltair), 23or (Vlada Photo), 23 (Königin, Arbeiterin, Drohne: Kuttelvaserova Stuchelova), 24ul (Erni), 24ur (David Dohnal), 25ur (Ondrej Prosicky), 26ol (YK), 26mr (kyslynskyyhal), 27or (Romuald Cisakowski), 27u (Ondrej Prosicky), 28ml (Valery Shanin), 28mm (taviphoto), 29ol (Cristian Gusa), 29or (Almaran), 32-33Hg. (panudda wongsom), 34 (Ameisen: Tsekhmister), 34u (Alfira), 35ol (Marek Velechovsky), 35om (wanida tubtawee), 35or (Carlo2017), 36o (canadastock), 37or (Real PIX), 37ur (Bildagentur Zoonar GmbH), 38ol (Zhecho Planinski), 38mr (MicheleBoiero), 38ml (Real PIX), 40-41 (Imfoto), 42ol (Harvepino), 43u (Merkushev Vasiliy), 44ol (Anne08), 44or (Sandra Standbridge), 44mr (AlekseyKarpenko), 45or (Rostislav Stefanek), 45ul (A. J. Gallant), 45ur (Podolnaya Elena), 46mr (Erni), 46ul (Igor Borodin), 46ur (Zocchi Roberto), 47or (Kletr), 47u (Laichkraut: Aleoks), 47u (Wasserhahnenfuß: Stefano Garau), 47u (Tausendblatt: Lee peiming), 47u (Seerose: LukaKikina), 48o (Manuel Findeis), 48mr (Marco Maggesi), 49r (3 Wochen: Eric Isselee), 49r (8 Wochen: Eric Isselee), 49r (12 Wochen: Eric Isselee), 49ul (Eric Isselee), 49ur (Marco Rolleman), 50u (scimmery), 51ol (Gabi Wolf), 51or (Gucio_55), 51mr (Maxforrester), 51ul (Ryzhkov Sergey), 51ur (Sergey Uryadnikov), 52ml (Manninx), 53or (Lillian Tveit), 53ul (jps), 53ur (Sanam Srinual), 54ml (Wildlife World), 54mr (Dimitris Timpilis), 55or (JorgeOrtiz_1976), 56ul (Intrepix), 57o (Wolfgang Zwanzger), 57ul (Renata Sedmakova), 57ur (Michal Stipek), 61ur (MicheleBoiero), 62ur (Wasserhahnenfuß: Stefano Garau), 63mr (scimmery); **Thinkstock:** 8mr (merial), 10ur (Adrian Wojcik), 38ur (mauribo), 52o (RicoK69)

Umschlagfotos: Shutterstock: U1 (Jarry), U4 (Matauw)

Text: Christina Braun
Lektorat: Sonja Meierjürgen
Illustrationen: Ruth Koch
Bildredaktion: Susanne Wiechert
Gestaltung: Simone Först
Umschlaggestaltung: Antonia Griebel

ISBN 978-3-7886-2640-2

FSC www.fsc.org MIX Papier aus verantwortungsvollen Quellen FSC® C002795

WAS IST WAS
Erstes LESEN
Wale und Delfine
TESSLOFF

WAS IST WAS
Erstes LESEN
Planeten
TESSLOFF

WAS IST WAS
Erstes LESEN
Vulkane
TESSLOFF

WAS IST WAS
Erstes LESEN
Natur entdecken

WAS IST WAS
Erstes LESEN
Bienen
TESSLOFF

WAS IST WAS
Erstes LESEN
Wald
TESSLOFF

WAS IST WAS
Erstes LESEN
Pferde und Ponys
TESSLOFF

WAS IST WAS
Erstes LESEN
Wetter
TESSLOFF

WAS IST WAS
Erstes LESEN
Polargebiete

WAS IST WAS
Erstes LESEN
Unsere Erde
TESSLOFF

WAS IST WAS
Erstes LESEN
Insekten
TESSLOFF

WAS IST WAS
Erstes LESEN
Ozeane
TESSLOFF